ໂລກຂອງແມງໄມ້

ໂດຍ ຄຣິຕິນາ ວິເຕ
ຮູບໂດຍ ໂຣມູໂລ ເຣ III

Library For All Ltd.

ໂລກຂອງແມງໄມ້

ພິມຄັ້ງທຳອິດ 2019
ແປແລະພິມຄັ້ງທີ່ສອງ 2021

ຈັດພິມໂດຍ: ອົງການ Library For All Ltd
ອີເມວ: info@libraryforall.org
URL: libraryforall.org

ປຶ້ມຫົວນີ້ ແມ່ນໄດ້ຮັບການຜະລິດໂດຍ ລັດຖະບານອົດສະຕາລີ ຜ່ານການຮ່ວມມື ສະໜັບສະໜູນການສຶກສາ ຂອງອົດສະຕາລີ ແລະ ປາປົວນິວກິນີ.
ປຶ້ມຫົວນີ້ ແມ່ນໄດ້ຮັບການສະໜັບສະໜູນໂດຍ ມະຫາວິທະຍາໄລແຄມເບຣາ.

ຮູບແຕ້ມຕົ້ນສະບັບໂດຍ ໂຣມູໂລ ເຣ III

ໂລກຂອງແມງໄມ້
ຄຣິຕິນາ ວິເຕີ
ISBN: 978-9932-09-142-3
SKU01196

ໂລກຂອງແມງໄມ້

ເບິ່ງແມງໄມ້ ແມ່!
ພວກເຂົາມີທິກຂາ.

ແມງໄມ້ ມີທັງບ້ອຍ ທັງໃຫຍ່.

ແມງໄມ້ ບາງໂຕມິບໆ.

ແມງໄມ້ ບາງໂຕຍາວໆ.

ຮ່າງກາຍແມງໄມ້ ມີ
ສາມສ່ວນກ່ຄື ສ່ວນຫົວ,
ສ່ວນເອິກ ແລະ ສ່ວນທ້ອງ.

ພວກເຂົາມິໝວດຢູ່ເທິງທໍ່.
ໝວດສາມາດດົມກິ່ນແລະສຳພັດ.
ແມງໄມ້ບໍ່ມີດັງ.

ແມງອັບເປັບແມງໄມ້ ກໍ່ມີຕາໃຫຍ່ໆ.
ພວກເຂົາສາມາດເກັບຫມາຍຍ່າງໆພ້ອມກັນ.

ບິ້ງກ່າຍເປັນ ແມງກະເບື້ອ.

ແມງໄມ້ ມີທັງໂຕທີ່ຄານ,
ໂດດ ແລະ ບິນ.

ແມງກະເບື້ອ ບິນ.
ຕັກແຕນ ໂດດ.

ແມງໄມ້ມີຢູ່ທົ່ວໂລກ.
ໂລກມີແມງໄມ້
ຫຼາຍກ່ວາສັດປະເພດອື່ນ.

ຂໍ້ມູນທາງບັນນາບຸກິນຂອງທໍ່ສະໝຸດແຫ່ງຊາດ

ຄຣິຕິນາ ວິເຕິ
    ໂລກຂອງແມງໄມ້ 1 / ໂດຍ ຄຣິຕິນາ ວິເຕິ. -- ວຽງຈັນ : ມັກອ່ານ, 2020
    23 ໜ້າ : ພາບປະກອບສີ ; 21 ຊມ
    1. ວັນນະກຳສຳລັບເດັກ
    I. ຊື່ເລື່ອງ
808.899282 -- dc21
    ເລກທະບຽນພິມຈຳໜ່າຍ: ຕາມທບ319ພຈ 23122020
    ISBN 978-9932-09-142-3

ເຈົ້າສາມາດໃຊ້ຄຳຖາມດັ່ງລຸ່ມນີ້ເພື່ອ
ສືບຫະນາກ່ຽວກັບເລື່ອງທີ່ອ່ານກັບ ຄອບຄົວ,
ໝູ່ ແລະ ຄູອາຈານ.

ເຈົ້າໄດ້ຮຽນຮູ້ຫຍັງຈາກເລື່ອງນີ້?

ຈົ່ງອະທິບາຍເລື່ອງນີ້ ໂດຍໃຊ້ຄຳບັບບຍາຍ
1ຄຳ. ຕະຫຼົກ? ຢ້ານ? ມີສິສັນ? ໜ້າສົນໃຈ?

ເມື່ອອ່ານຈົບແລ້ວ,
ເລື່ອງນີ້ໃຫ້ຄວາມຮູ້ສຶກຫຍັງແດ່?

ໃນເລື່ອງນີ້, ເຈົ້າມັກສິ່ງໃດຫຼາຍທີ່ສຸດ?

ກ່ຽວກັບຜູ້ປະກອບສ່ວນ

Library For All ເຮັດວຽກຮ່ວມມືກັບນັກຂຽນ ແລະ ນັກແຕ້ມ ທົ່ວໂລກເພື່ອສ້າງເລື່ອງທີ່ຫຼາກຫຼາຍ, ມີຄຸນນະພາບສູງໃຫ້ກັບຜູ້ອ່ານໂຕນ້ອຍ. ທຸກຄົນສາມາດເຂົ້າໄປ ເວັບໄຊ libraryforall.org ເພື່ອຮູ້ຂ່າວຫຼ້າສຸດ ກ່ຽວກັບກິດຈະກຳຝຶກອົບຮົມນັກຂຽນ, ຄູ່ມືຕ່າງໆ ແລະ ໂອກາດສ້າງສັນອື່ນໆ.

ປຶ້ມທໍ່ບໍ່ມ່ອບບໍ່?

ພວກເຮົາມີປຶ້ມຫຼາຍຮ້ອຍທໍ່ໃຫ້ເລືອກອ່ານ.

ພວກເຮົາຮ່ວມມືກັບນັກຂຽນ, ຊ່ຽວຊານດ້ານການສຶກສາ, ທີ່ປຶກສາທາງດ້ານວັດທະນະທຳ, ລັດຖະບານ ແລະ ອົງກອນທີ່ບໍ່ຂຶ້ນກັບລັດຖະບານ ເພື່ອນຳຄວາມເພີດເພີນ ໃນການ ອ່ານໃຫ້ກັບເດັກນ້ອຍທໍ່ທຸກແຫ່ງ.

ຮູ້ບໍ່?

ພວກເຮົາສ້າງການປ່ຽນແປງທີ່ດີໃນຊົງເຂດນີ້ ໂດຍປະຕິບັດ ເປົ້າໝາຍ ການພັດທະນາແບບຍືນຍົງຂອງສະຫະປະຊາຊາດ.

library for all.org